Lk 5570.

DÉNOMBREMENT

D'UN

SEIGNEUR DE NESLE DANS LE XIIIe SIÈCLE,

AVEC DES NOTES HISTORIQUES.

SUIVI DE LA GÉNÉALOGIE DE CE SEIGNEUR,

Par LEROY-MOREL,

Membre de la Société des Antiquaires de Picardie.

AMIENS,

IMPRIMERIE DE LENOEL-HEROUART, IMPRIMEUR-LIBRAIRE,

RUE DES RABUISSONS, 10.

1857.

DÉNOMBREMENT

D'UN SEIGNEUR DE NESLE DANS LE XIIIᵉ SIÈCLE,

AVEC DES NOTES HISTORIQUES,

SUIVI DE LA GÉNÉALOGIE DE CE SEIGNEUR.

Après la charte de la fondation du chapitre de la collégiale de Nesle (1), le document le plus ancien que l'on sache exister encore sur cette ville est le dénombrement de Jean de Nesle, donné au roi saint Louis vers 1250. Ce document, précieux à cause du temps déjà si éloigné de nous, l'est encore à cause du langage en usage dans notre province à cette époque.

Dénombrement de la Terre de Nesle, en Vermandois.

Je Jehans, sires de Nesle, conois que sui hom liges le Roi de France avant tos homes et avant totes choses terrienes, et mis fels si moet de la comtée de Vermandois. Je tieng en lige homage don Roi de France Nesle (2) et les apartenanches, ce

---

(1) Cette charte, octroyée par le roi Robert, est datée du palais de Verberie de l'an 1021.

(2) Nesle, chef-lieu de canton, à 53 kilomètres Est d'Amiens, est située sur la pente d'une colline, dont le bas est arrosé par l'Ingon (*Ingo*). La seigneurie de Nesle fut érigée en comté en 1466, et en marquisat en 1545

est a dire Biaulin (1) et la forest (2), Fraisniches (3); et de cest lei meismes tieng Hellie (4) et Hellieul (5) et Estallons (6) et ce que

---

Après les maisons de Nesle-Soissons et de Clermont-Nesle, cette seigneurie appartint successivement aux maisons de Flandre, d'Amboise, de Dammartin, de Sainte-Maure, de Laval, des Aux-Epaules, de Monchy et de Mailly. Nesle fut livrée au pillage en 1406, en 1436, en 1440 et en 1463, détruite en 1472 par le duc de Bourgogne, pillée et brûlée de nouveau en 1522, en 1536 et en 1552, pillée encore en 1589, en 1636 et en 1676. Au mois de mars 1814, cette ville se vit à la veille d'un nouveau désastre, à cause d'une fourniture de farines de mauvaise qualité faite aux alliés, établis alors à Noyon. Déjà un corps de troupes était en marche pour saccager Nesle, lorsqu'un échec considérable, éprouvé par les Prussiens à Compiègne, fit rappeler le détachement à leur secours. On reconnut alors que la cause du danger provenait de la cupidité de l'un des meuniers de la ville, qu'on ne put distinguer. Les alliés se contentèrent d'une nouvelle fourniture de farines, et emmenèrent en otage, pendant près de deux mois, M. Quenescourt, maire de Nesle.

(1) Beaulieu, département de l'Oise, sur la route de Nesle à Noyon, la baronnie en dépendait du marquisat de Nesle.

(2) La forêt de Beaulieu, appelée aussi la Bourvresse, s'avançait anciennement jusqu'aux Ardennes; elle embrassait encore près de 5,000 hectares au commencement du siècle actuel.

(3) Fréniches, département de l'Oise, autre baronnie qui dépendait du même marquisat. Il y avait un château important dans le moyen-âge. Le 9 mai 1304, Philippe-le-Bel, allant de Paris en Flandre, coucha, avec sa cour, au château de Fréniches, d'où il se rendit à Nesle. Les restes de ce château ont disparu au commencement du XIXe siècle.

(4) Herly, à 2 kilomètres Ouest de Nesle, dépendait, avant 1621, de la cure de cette ville. La seigneurie d'Herly appartint à Jean d'Ancienville, chevalier, vicomte de Vendeuil, qui la vendit, le 14 septembre 1612, la somme de 24,000 livres à Louis Le Carlier, chevalier, seigneur de Manière, gentilhomme ordinaire de la chambre du roi, demeurant à Bréda.

(5) Herlieux à l'Est d'Étalon, auquel il tient sans discontinuité. La dénomination de ce lieu est à peine connue aujourd'hui dans le pays.

(6) Etalon, à 1 kilomètre Nord-Ouest d'Herly, dépendait aussi, avant 1621, de la cure de Nesle. Le domaine d'Étalon, appartenait, en 1469, à Quentin Aubé, seigneur de Braquemont, en 1506, à Louis de La Motte, et en 1611, à la famille Le Carlier d'Herly.

jo ai a Curci (1); et si en tieng Fonchettes (2) et Puenchi (3), et tot ce j'ai a Mailu, et tot ce que j'ai a Puchesaaus (4) ; et s'en tient Hyencort le petit et Hyencort le grant (5), et Brechencort (6), et ce que j'ai a Omercort (7) ; et si en tieng Drolincort (8) et Yoncort (9) et Pertaing (10), et tot ce que j'ai a Abbincort (11) ; et si en tieng Gomercort (12), et ce que j'ai a Fresnes (13), et ce que

---

(1) Curchy, à 4 kilomètres Nord-Ouest de Nesle, village très ancien, beaucoup plus considérable autrefois qu'il ne l'est maintenant, était, avant la Révolution, le chef-lieu de l'un des neuf doyennés du diocèse de Noyon. Il posséda anciennement un monastère de chanoines réguliers, dont les biens furent depuis réunis à ceux du chapitre de Nesle.

(2) Fonchettes, annexe de Fonches, a eu sa maladrerie, dont les biens ont ensuite appartenu à l'Hôtel-Dieu de Ham. La terre de ce hameau, ainsi que le domaine de Curchy, appartenait, en 1711, à la famille Le Carlier d'Herly.

(3) Le domaine de Punchy appartenait aussi à cette famille à la même époque.

(4) Puzeaux existait au VIII° siècle.

(5) Hyencourt-le-Petit, dépendance d'Omiécourt. Hyencourt-le-Grand appartenait, en 1567, à la maison de Fransures, et au XVIII° siècle, au duc de Chaulnes.

(6) Bersancourt, hameau de Pertain.

(7) Omiécourt existait au II° siècle.

(8) Drélincourt, à 4 kilomètres Nord de Nesle, annexe de Curchy.

(9) Yoncourt n'est plus connu, ou bien serait-ce Liancourt-Fosse ?

(10) Pertain. Claude de La Fons, chevalier, était, en 1701, seigneur des Essarts, de Guy, de Ronquerolles, de Pertain, et d'autres lieux.

(11) Ablaincourt. Le domaine de ce village appartint à la famille de Mont-Jean dans le XVI° et dans le XVII° siècle. L'épitaphe d'un des membres de cette famille qui se trouvait dans l'église de la paroisse de St-Jean de Péronne, portait : *Icy gist noble homme Fouray de Mont Jehan, en son vivant seigneur de Montauban, Morlencourt, Villers le Verd et Ablincourt, qui trespassa l'an de grace 1554, et damoiselle Marie de Hauteville, sa femme, laquelle trespassa le... lesquels ont fondé, en l'église de céans, une messe des cinq plaies à diacre et sous diacre, et deux messes qui se chanteront chacun vendredy de l'an*, etc...

(12) Gomiécourt, hameau qui dépend d'Alaincourt, fut un village.

(13) Fresnes. La seigneurie de Fresnes était fort ancienne : en 1074, Jean

j'ai a Mescincort (1); et si en tieng Marcel (2) et Hapincort (3)
et Sencort (4), et Engleincort (5) et Chisencort (6) et Hoier-
mont (7), et la ville Saint Crist (8); et quant que j'ai a Brie (9);
et si en tieng Vilers (10) et Morcaing (11) et Gossencort (12)

---

de Fresnes était l'un des puissants seigneurs de la cour d'Herbert IV, comte
de Vermandois.

(1) Mazancourt. Jean Merlin, seigneur de Mazancourt, de Fresnes et
d'Ynes en Santerre, était bailli de Nesle en 1482.

(2) Marchélepot, situé sur la route de Flandre, entre Péronne et Roye.
Lorsque Louis XI, par son édit de Luchoux, établit des postes sur les routes
de son royaume, une de ces postes ou relais se forma à Marchélepot, de là
Marcel-les-postes, puis, par altération, Marché-le-pot, et aujourd'hui Marchélepot.

(3) Appleincourt, ancienne forteresse assise sur les bords de la Somme.
C'était en 1150, un fief du comté de Vermandois. En 1457 Jehan de Applain-
court, chevalier, était bailli de Nesle.

(4) Sencourt n'est plus connu.

(5) Engleincourt, village détruit on ne sait à quelle époque, était situé
entre Licourt, Epénancourt, et Cizancourt. L'emplacement de ce lieu, qui
se trouve sur le territoire de Licourt est encore appelé maintenant la Sole
d'engleincourt. Il y a 12 ans, en creusant une fosse pour y enterrer des
betteraves, on a trouvé, dans un champ de cette sole, à 0m 75 de profon-
deur, des fondations en pierres assez considérables.

(6) Cizancourt, annexe de St.-Christ. On croit que le P. Longueval,
auteur de l'*Histoire de l'église gallicane*, est né à Cizancourt, en 1680.

(7) Lieu qui n'est plus connu.

(8) St.-Christ, à 12 kilomètres Nord de Nesle, sur les bords de la Somme.
La seigneurie de ce village appartenait au XVIe siècle, au duc de Chaulnes.

(9) La seigneurie de Brie était possédée aussi, au même siècle, par le
duc de Chaulnes.

(10) Villers-Carbonnel, à 6 kilomètres Sud de Péronne, sur la route de
Flandre. Un combat sanglant eut lieu à Villers-Carbonnel, en 1465, entre
les Français et les Bourguignons.

(11) Morchain, à 5 kilomètres Nord de Nesle, est un village très-ancien. En
1227, Simon de Vermandois, évêque de Noyon, accorda à l'abbaye de Ste.-
Marie de Soissons l'autel de Morchain et lui confirma la seigneurie de ce lieu.

(12) Goussancourt, à l'est de Morchain. Girard était maire de Goussan-

et Vaux(1), et ce que j'ai à Pottes(2), et tot ce que j'ai au Mesnil-le-Grant(3); et si y tiens Roiy-le-Grant(4), Roiy-le-Petit et tot ce

---

court en 1185. Jean de Nesle affranchit de la taille, en 1236, Goussancourt, Morchain et Villers. La seigneurie de Goussancourt appartenait, en 1383 à la famille de Waurin, et au XVIIe siècle, à la famille d'Hestrus. L'ancien manoir de Goussancourt a été démoli et ses profondes caves comblées en 1854 par M. O. Doran, de Noyon, qui en était propriétaire.

(1) Vaux, entre Morchain et Mesnil-le-Grand, lieu détruit. À l'est de ce lieu est un petit bois appelé encore le bois de Vaux.

(2) Pottes, à 1 kilomètre Ouest de Morchain, fief important qui relevait de Ste.-Marie de Soissons. Marie de Pottes fut mariée, en 1383, à Jean II seigneur de l'am. Autre Marie, dame de Pottes et de Brouchy, était mariée à Guillaume de Hébuterne, chevalier; elle et Jeanne, sa fille, donnèrent, en 1414, leur dénombrement du fief du Prez, situé à Brouchy. La seigneurie de Pottes appartenait, au XVIIe siècle, à la famille Des Fossés.

(3) Mesnil-le-Grand et Mesnil-St.-Nicaise; à l'ouest de ce village et à moins d'un kilomètre est Mesnil-le-Petit, annexe, le premier est à 2 kilomètres nord de Nesle, le deuxième, à 1 kilomètre.

(4) Rouy-le-Grand et Rouy-le-Petit, au nord-est et à 4 kilomètres environ de Nesle. Rouy-le-Grand existait dans le XIe siècle, il est situé sur la rive septentrionale de l'Ingon, et Rouy-le-Petit, sur la rive méridionale de la même rivière. En 1308, Renaud, seigneur de Rouy, en Vermandois, et de Pont-l'Évêque, près Noyon, trésorier du roi Philippe-le-Bel, et Agnès, sa femme, fondèrent la chartreuse de Mont-Renaud, près et à l'ouest de cette ville. Ils fondèrent aussi à Pont-l'Évêque, quelques années plus tard, un hôpital avec treize lits pour des infirmes et des malades; cette fondation charitable fut détruite et les biens réunis à ceux de l'hôtel-Dieu de St.-Jean de Noyon. La seigneurie des Rouy était possédée, dans le XVIe siècle, par la famille de La Fons, et par celle de Des Fossés, dans le XVIIe, par la famille de Rouvroy et en 1736, par Jean Guillaume-Marie, comte de Gand et du St.-Empire Romain, marquis d'Hem, baron de Sailly, vicomte de Forêt, seigneur des Anguilles et d'autres lieux, et, à cause de Louise-Angélique Des Fossés, sa femme, vicomte de Rouy-le-Grand et de Rouy-le-Petit, seigneur de Pottes, du fief de Ronquerolles et d'autres lieux.

que j'ai a Voiane (1), et tot ce que j'ai a Hay (2) et Lonpain (3) et Landevoisin (4) et Froemont (5) et Buisiancort (6) et Cressi (7)

---

(1) Voyennes sur la Somme, à 7 kilomètres Est de Nesle. Le domaine de Voyennes appartenait, en 1400, à la famille de Maucheralier, en 1514, à celle de Folleville, en 1618 à celle de Blotteffère. Buny, hameau de Voyennes, était une mairie. Un dénombrement de 1400 porte qu'il est dû annuellement un septier de vin, mesure de Nesle, à la choque du châtel de Nesle, la nuit de Noël ; un autre du 2 août 1667, de Claude d'Aumale, maire de Buguy, porte la même obligation.

(2) Hay, lieu détruit depuis longtemps.

(3) Long-Pain, sur l'Ingon, a 9 kilomètres environ Sud-Est de Nesle, annexe de cette ville, n'a qu'une habitation.

(4) Languevoisin, à 1 kilomètre Est, de Nesle, avait aussi sa mairie. Un dénombrement de 1372, porte : « Que le maire de Landevoisin est tenu d'as-
« sister et comparoir en personne, ou par procureur, à la choque de Noël, et
« doit pour ladite choque, au tourier du chastel de Neelle, pour sadite mai-
« rerie, huit lots de vin à la mesure de Neelle ». Autre du 9 janvier 1412, portant : « que le dit maire est tenu de payer, tous les ans, au tourier et
« portier de Neelle, un septier de vin la nuit de Noël, en allumant à la
« grande salle, la choque de Noël au chastel de Neelle. » Relief du 8 janvier 1691 sous la même obligation, et de payer les cens qui sont de 30 sols parisis, 14 pains et 14 chapons. En 1367, Olivier de Bonar était seigneur de ce village, à cause de Jeanne de St.-Marc, sa femme.

(5) Froidmont, hameau au sud de Nesle, qui dépendait anciennement de la paroisse de Quiquery, dépend maintenant de Billancourt.

(6) Billancourt, à 3 kilomètres au Sud-Ouest de Nesle. Le domaine de Billancourt appartint dans le XV° siècle aux seigneurs de Chaulnes, en 1582, à la famille de Mazancourt, dans le XVII° siècle, à celle de Pas puis à celle de Dumaitz de Goimpy.

(7) Cressy, à 5 kilomètres Est de Nesle, sur la route de cette ville à Noyon, Cressy-lez-Néelle dans le XVII° siècle, Cressy-lès-Roye et Cressy-Omancourt dans le XIX°. Simon Le Duc, seigneur des fiefs de Cressy et de Manicourt donna son dénombrement au mois de juillet 1575 ; François Le Duc était, en 1669 lieutenant-général du marquisat de Nesle, Marc-Antoine Le Duc est qualifié, en 1722, contrôleur des fortifications de Picardie ; Louis-Antoine Le Duc était, en 1762, seigneur des fiefs de Cressy

et Solente (1), et tot ce que je ai a Ognole (2); et si en tieng le Moncel (3), et quanque j'ai a Omencort (4); et si en tieng Falvi (5) qui siet de lez Omeincort, et tot ce que j'ai à Escuveli (6), et deus molins à Marcel en la Warde (7) et tot ce que

de Pithon et de La Place; le seigneur des mêmes fiefs, en 1770, était M. Le Duc de la Tournelle, de Soissons.

(1) Solentes, à 7 kilomètres Sud-Ouest de Nesle. En 1368 le seigneur de Neale fit à la chartreuse du Mont-Renaud, la donation d'un fief situé à Solentes; en 1688, N..... d'Auraveau, était dame en partie de ce village.

(2) Ognolles, sur la route de Nesle à Noyon, au Nord de Beaulieu, a eu sa maladrerie, dont les biens ont été depuis réunis à l'hôpital de Noyon, à condition que les pauvres y seraient reçus. Hugues d'Ognolles, chevalier, vivait en 1194; Jean Grivelus, chevalier, seigneur d'Ognolles en 1230, devait annuellement un muid de froment à l'Abbaye-aux-Bois; Raoul d'Ognolles, donne, en 1236, à la même abbaye, quatre muids de froment, assignés sur le village. Le domaine d'Ognolles appartint, dans le XVIe siècle, à la maison de Fransures et dans le XVIIIe à celle de Lepage de Rouveroy puis à Charles Billecocq, lieutenant général au bailliage de Roye.

(3) Le Moncel, dépendance de Roiglise où il n'y a plus qu'une habitation, était considérable autrefois et avait son église.

(4) Omancourt, dépendance de Cressy avait aussi son église qui a été démolie vers 1830.

(5) Falvy-le-Sec, lieu détruit, on indiquait encore la sole de Falvieux dans le XVIIe siècle.

(6) Ecuvilly, à l'Est de Beaulieu auquel il tient sans discontinuité, village dont étaient seigneurs, en 1297, Huet de Soyécourt, et en 1368, Gilles de Soyécourt. Cette seigneurie appartint, en 1388, à Jean de Roye, aussi seigneur de Lagny-les-Châteigniers, près Noyon, puis aux maisons de Sorel, de La Fon, d'Ecquevilly et, en dernier lieu, à la maison d'Estourmel du Frestoy.

(7) Marché-Allouarde, à 5 kilomètres Ouest de Nesle. La seigneurie de ce village appartenait, dans le XVIIe siècle, à la maison d'Aumale, puis, en 1688 à la famille de Bellot de Seconzac, qui la vendit, le 31 juillet 1710, à Charles du Rosoy, doyen et chanoine de la collégiale de Nesle, pour la somme de 16,000 livres; elle consistait alors en une maison seigneuriale, enclos, petit bois, le tout assis dans 4 journaux de terre (201 ares 45), et en 93 journaux 75 verges (61 hectares 27 ares 50), plus la justice haute,

je l ai ; et si en tieng la vile de Setfors (1), et tot ce que j'ai a Crimery (2), et tot ce que j'ai a Veloruele et tot ce que j'ai a Halons, et tot ce que j'ai a Buchuerre (3).

---

moyenne et basse, cens, surcens, rentes et autres droits ; cette seigneurie fut affermée, en 1720, moyennant 227 setiers 1/2 de blé et 150 livres par an, plus une oie, une tête d'ail, charrier 3 cordes de bois, à prendre dans le bois de Fréniches et 5 sols d'argent à payer au marquis de Nesle, aussi par année.

(6) Septfours, hameau de Rothonvillers, était une mairie. Par le dénombrement de cette mairie, fourni le 24 décembre 1384, on voit que le maire « est tenu de comparoir par chascun an, la nuit de Noël en la grande « salle du chasteau de Neelle, et estre présent quand on met le feu en une « grosse choque de bois estant en icelle salle, et aussi de comparoir chas- « cun an, le jour de St.-Etienne, avec les autres maires du marquisat, les « molineurs (meuniers) de Neelle, les sergents à cheval et autres au disner « que fait faire ledit jour le concierge dudit chasteau de Nesle, et payer « audit concierge 1 septier de vin, mesure de Neelle, qui vaut 7 lots. Et est « tenu ledit maire de recevoir les cens appartenans à monseigneur, au « jour de Noël, qui montent à 30 chapons 1/2 et 1/3 de chapon, 35 pains 1/2 « et quarteron 1/3 de bled, sauf pour son droit 5 pains 1/2 et quarteron 1/2 « du bled, 5 chapons 1/2 et 1/3 de chapon, qui lay demeurent ; et doit « encore recevoir les cens en argent, qui sont de 24 sols, sauf pour ses « droits 4 sols et les amendes. »

(1) Crémery, à 6 kilomètres Ouest de Nesle, a eu 1 maladrerie. Geoffroy de Crémery, chevalier, homme lige d'Etienne, évêque de Noyon, donna des biens, situés à Lassigny (Oise), le jour de son départ pour la Terre-Sainte. Philippe Morel était, en 1522, seigneur de Crémery et maieur de la ville de Péronne; Philippe Morel, son fils, seigneur du même lieu, épousa Marguerite Louvel, dont : Claude Morel, sieur de Crémery et de Poulencourt ; il épousa, par contrat du 14 janvier 1608, Catherine de Collemont, qui le rendit père de Claude Morel, chevalier, seigneur de Crémery, Poulencourt, la Houssoie, Mazin, Villembray, président au bailliage et siège présidial d'Amiens. Il épousa, par contrat du 15 juin 1642, Jeanne de La Herte et en eut quatre fils, ayant eu leur domicile à Amiens, dont l'aîné Claude Morel, sieur de Crémery, épousa, en 1672, Marie-Marguerite de Suin. La seigneurie de Crémery appartient ensuite à la famille de l'Escalopier, de Liancourt.

(2) Bouchoir, autre mairie du marquisat de Nesle. Un dénombrement du

Et ce sunt mi homme que je tieng dou Rei de cest fef meismes : Raous mis frères, missires Bartholomex de Roie (1), missire Ragerranz de Roye, missires Robers sis freres, li chastelains de Neele, missires Hues de Betencort (2), missires Gui de Torote, missires Simon Dargies, missire Guillermes de Mellou, missire Johans de Roie, Johans li filz monseigneur Raoul de Roi (3), missire Huistaces de Martinsart, et Johans de Boissavesnes (4), missire Huistace de Noeville, missire Johans li chiens, Nevelons de Lions, Hue de Morcort, Yberes de Chanle et Robers de Chanle, Droé de Chanle, Roberz de Chanle sis filz (5), Perres de Hiencort, Robert Charbonaus, Raous de Brechoncort, Girart de Luscort (6), Rossaus de Gousseincort, Felippes de Callencort, Tibous de Gomercort, li maires de Giseincort, Johans Doisin, Pierres de Buissu, Reneres-li-Jounes del Vergie, Bauduins de Goiencort, Renaut de Buchy (7), Hues de Launoi (8), Rogiers de Cressi, Robert de Alppe, Gauteires de Vendoeil, Jehans de Vile, Florent de Hangest, Hues Havez, Auberi Crosez, Jaques d'Estalons, Perres de Ribercourt, Johans de Breteigue, Vilains

---

9 juillet 1562, donné au seigneur de Nesle, par Antoine de Lancry, porte : « Qu'il a relevé la mairerie de Bouchoire, à la charge de comparoir, par chascun an, la veille de Noël, en la grande salle du chasteau de Neele, trois « heures de relevée, pour voir allumer le feu de la choque, et payer un sep-« tier de vin contenant sept lots, mesure de Neele, et, en outre, payer 3s. ds parisis de cens, dont est chargée ladite mairerie. »

(1) Barthélemy de Roye.
(2) Béthencourt-sur-Somme.
(3) Jean de Roye, fils de Raoul de Roye.
(4) Jean de Bouchavesnes.
(5) Chaulnes.
(6) C'est sans doute Licourt.
(7) Bussy, à 3 kilomètres Sud-Est de Catigny. En 1722, Philippe de Saint-Maxens, alors âgé de soixante ans, écuyer, ancien capitaine du régiment de la Couronne, était seigneur de ce village.
(8) Lannoy, Lannoyanum Alnetum, fief du village d'Erchen, c'est un château qui a été longtemps dans la maison d'Halluin.

de Tilloi (1), Robert de Fouchetes, li heres monseignor Mahieu de la Boissière, Ibers de Templons, Johans de Perone, Hues d'Onfois (2), Johans de Mollemont (3), je heres de Moiri (4), Johans li posticiers, Gui Rollant, Tomas de La Porte, Hue de Builencort, Johans de Chilli, Godefroi de Guise, Ernoles de Landevoisin, Baldoin de Quiqueri (5), Raoles Casée, Amauri de Baquencort (6),

———————

(1) Tilloy, hameau qui dépend de Réthonvillers, a eu son château fort, dont on a retrouvé les fondations en 1850. On lit dans les registres de cette paroisse : « Le 29 janvier 1701 a esté écrasée, par la grosse tour de Tilloy, « Hélène Comont, âgée de sept ans..... »

(2) Offoy possédait un des châteaux forts qui bornaient la châtellenie de Ham.

(3) Morlemont, très-ancien village sur l'Ingon, à 1 kilomètre Nord-Ouest de Nesle, dont il est une dépendance. La seigneurie de Morlemont appartenait, en 1567, à Adrien Le Febvre, lieutenant civil et criminel à Péronne; en 1605, à Laurent Le Febvre; en 1722, à la famille Du Mesnil, de Vaux-sous-Montdidier, et, en 1782, à la maison d'Héricourt. Il y a quelques années, on a découvert à Morlemont, à 2 mètres environ du sol, dans la craie, un squelette humain, la tête vers le Nord-Est, sur lequel avaient été placés plusieurs vases en terre rouge et couleur ardoise, environnés de deux autres vases en verre et d'un en cuivre dont il ne restait que le pied auquel adhérait un tissu croisé, et deux hâches rongées par la rouille.

(4) Esmery.

(5) Quiquery, annexe de Longuevoisin, était anciennement une paroisse avec Longuevoisin pour succursale.

(6) Bacquencourt, Baccei Curtis, dépendance de Hombleux. Le fief de Bacquencourt appartenait, à la fin du XIVe siècle, à Guillaume de Crèvecœur, évêque de Coutances, qui le donna, en 1405, à Guillaume de Crèvecœur, son neveu, ainsi que les fiefs de Lannoy et de Ramecourt, près Eschen. Charles de Pithon,, écuyer, était, en 1669, seigneur de Bacquencourt; la même seigneurie appartenait, en 1719, à Claude de Charmolue; en 1730, à Alexandre Vinchon, qualifié, en 1750, écuyer, secrétaire du roi, en 1766, à Joseph Dupleix, intendant de Picardie, et, en 1777, à Eloi Gruet, dont le fils, Pierre-Léonard Gruet, qui périt de mort violente à l'âge de vingt-huit ans, remporta, vers 1772 le prix de poésie à l'Académie Française.

Perres de Liebermont (1), Johans sis frères, Wardins Griveles, Robert de Cameli, Raols d'Ognole, Roberz de Solente, Johans de Perteing, Hues de Bouchoerre, Gautiers de Gorpillers, Nicolas li Meires de Roi, Perres li Meigres de Roi, Gui de Roi (2) Simon dou Bus (3), Perres li filz Liebert, Johans de Moiri, Guy col de Hart, Huistaces li filz Johan d'Ableincort, Acharz de Faiel, Alarz de Gastines, Guillermes de Kaieu, Félipes de Seroncort, Johan de Brie, Gui de Hauteville, Raols de Ruisseaus, Lorenz de Betencort, Rosseaux de Heroès, Hue Martenus, Henri Vignerox, Johan de Seingium, Mahius Maigrez, Johan de Solente, Robers de Falevi, Johans de Roie, Aubins Flamans, Herbert li Mistres, Robert Estriboz, Raols de Fay (4), Rogues de Casteni (5), Gobert de Fresnoi, Edarz de Hellie, Roberz de Setfora, Renaut de Cort de Menche (6), Simons de Reinécort, Roberz de Froissies, Gautier li poures, Hues Lignis, Duede de Quieviler, Odoarz de Morlemont, Gautieres de Pucheseaues,

---

(1) Libermont (Oise). Dans le XIIe siècle, Ansel, ministre général de l'ordre des Hospitaliers en France, reconnait que l'église d'Eterpigny, doit au jour de Pâques, à l'église de Notre-Dame de Ham, 5 sois, monnaie de Nesle, pour la menue dime de Libermont qu'elle tient à titre d'aumône de la libéralité de Dragon de Viri.

(2) Rouy.

(3) Le fief du Bus était situé vers le faubourg St.-Jacques, de Nesle, mais il est ici question de Bus-St.-Léger.

(4) Fay, hameau de Catigny (Oise), n'a plus qu'une habitation, ce lieu a eu autrefois ses seigneurs.

(5) Catigny, canton de Guiscard ; le domaine de ce village appartenait, au XVIIe siècle, à la maison d'Estourmel du Fresloy.

(6) Courtemanche, cette dénomination n'est plus employée que par les habitants de Voyennes pour désigner la partie Sud de leur village. En 1618, Antoine de Motteflère, chevalier, était seigneur de Courtemanche, de Vauchelles, près Noyon, de Morlencourt, Ablaincourt et Gomiécourt. De sa femme Marie de Mont-Jean, il eut, entre autres enfants, François de Motteflère, seigneur des mêmes lieux, l'un des lieutenants du roi au gouvernement de Picardie.

Ermenriones Guernases de Falevi, li Meires de Fouchetes, li Meires de Marcel, Raols Tossarz, Hue de Vouiane, li Meires de Landone, Robers Damaisins, Ombers de Malrepast, Perres de Buchy, Perres de Cressi, Ancheirs de Marcel, Gaudins de Restonviller, Gauters de Restouvillers (1), Manassiers de Beauvoier, li fils Galois de Marteville, li heires Eustace de Hardiecourt, Robert Herluins, Lovarz de Gomercort, Johans Moufflete, Perres de Fresniches, Johans de la Sale, Gilebers Loues, Gilebers Cornez, Morez de Spanencort (2), Climent de Roy, Johans de Roiglise (3), Mahius Carbonaus, Salez, Gui de Gornai, Gauters de Hale, Grigore de Cairi, Rad Porceaus de Gomercort, Johans de Marcel, Raols Licatieres, li fils Perron de Beroudel.

Quant que j'ai es viles que cist escris nome, et quant que l'en tient de moi, et les homages que cist escris nome et quand que j'ai entre Arrouse et Oise en fraz et en demoinne, tieng-je lige-

––––––––––––––––––––––––––––––

(1) Rethouvillers, à 4 kilomètres Ouest de Neale, sur la route de cette ville à Roye. La seigneurie de cette commune appartint, au XVI⁵ siècle à la famille de Bonnivel puis à l'illustre maison de Montmorency, et plusieurs membres de cette dernière famille ont eu leur sépulture dans l'église de Rethouvillers, entre autres : Daniel de Montmorency, seigneur d'Equencourt, Doury, Genechart, Villeroy, Crécy, Tilloy, Rethouvillers et Wancourt, lieutenant général des armées du roi, mort le 21 décembre 1672. Les cendres d'une autre illustration reposent aussi dans cette église, ce sont celles du Médein Jean-Baptiste-Antoine, dernier prieur-curé de cette paroisse, mort le 1ᵉʳ décembre 1824, dont la biographie se trouve dans Feller, augmenté par Peremois, Paris, 1851, 6ᵉ vol. p. 220. Médein est auteur de *Fragments historiques et critiques sur la Révolution*, restés inédits, mais recueillis par l'auteur d'un manuscrit ayant pour titre : *Recherches sur la ville de Neale et les environs*, où ils sont reproduits.

(2) Epénancourt, à 8 kilomètres Nord de Neale, appartenait déjà avant le IX⁵ siècle à l'abbaye de Ste.-Marie de Soissons.

(3) La seigneurie de Roiglise appartint successivement, aux XV⁵ et XVI⁵ siècle, aux familles de Bosquiaux et de Villers-St.-Paul, puis à celles de Landemont et de Mailly de Neale.

ment don Rei fors censeles que je tieng de l'Evesque de Noion et de monseignor Huon de Betencort, et de Johans de Monmasques, et de Gilebers Cornez, et autres menules censeles, ai ge a esiedé au mon escient a bone foi, au plus pres que je pois, et vaut en tot cent livres par an (1), petit plus ut petit meins. Sire, vos envoi l'escrit des feiz que je tieng de Vos, et je l'ai devisé au mieux escient, en bone foi, et se je j'avoie rien laissei qui amenderi feisoit, je l'amenderoie a bone foi. (*Manuscrit coté* 9,352, *à la Bibliothèque impériale*).

Les ascendants de Jean de Neale furent :

YVES, seigneur de Neale, qui vivait vers la fin du X⁰ siècle. Il eut pour fils et héritier :

YVES II⁰ du nom, aussi seigneur de Neale, dont le fils :

DROGON, seigneur de Neale et de Falvy-sur-Somme, se distingua dans les guerres de la Terre-Sainte, où il s'était rendu avec Hugues-le-Grand, comte de Vermandois, frère de Philippe I⁰⁰. Drogon eut pour fils :

RAOUL I⁰⁰, seigneur de Neale. Il donna, en 1119, à l'église de St.-Quentin, le moulin de Falvy-sur-Somme ; il épousa la fille ainée de Guillaume d'Eu, comte de Soissons, et d'Ade, héritière de ce comté, laquelle descendait des anciens comtes de Vermandois, issus en ligne masculine de l'empereur Charlemagne.

De cette union sont issus quatre fils :

1° YVES, III⁰ du nom, comte de Soissons, par la mort de Renaud, son cousin, épousa Yolande de Hainaut, dont il n'eut pas d'enfants ;

2° DROGON, mort aussi sans postérité ;

---

(1) Sous saint Louis comme sous Louis-le-Jeune, la livre valait 19 fr. 44 c. 3. On sait que les monnaies de St.-Louis avaient la réputation de guérir de tous maux ceux qui les portaient sur eux. Aussi en reste-t-il bien peu qui ne soient pas percées ; car les malades se les suspendaient au cou comme des médailles bénites.

3° Raoul, qui va suivre ;

Et 4° Thierry, qui fut archidiacre de l'église de Reims.

Raoul, de Nesle, II° du nom, châtelain de Bruges, épousa Gertrude, nièce de Thierry d'Alsace, comte de Flandre, dont il eut deux fils :

1° Conon, comte de Soissons, après Yves III, son oncle, décédé sans héritiers, d'Agnès, dame de Pierrefonds ;

Et 2° Raoul, comte de Soissons, après son frère, qui épousa, en premières noces, Alix de Dreux, fille de Robert de France, comte de Dreux et de Braine, et petite-fille de Louis-le-Gros, roi de France, et, en secondes noces, Yolande de Joinville.

Trois fils sont issus de cette dernière union :

1° Jean de Nesle, comte de Soissons, duquel sont descendus les autres comtes de Soissons ;

2° Raoul de Nesle-Soissons, sire de Cœuvres, qui épousa : 1° la reine de Chypre ; 2° la fille de Jean, sire de Hangest, qui le rendit père de Yolande de Soissons, dame de Cœuvres (1), mariée à Bernard, sire de Moreuil, dont est descendue la maison de Moreuil, qui, depuis, a pris le nom de Soissons.

Et 3° Jean de Nesle, qui suit :

Jean de Nesle eut, de la succession de son père, la châtellenie de Bruges, et de celle d'Yves, comte de Soissons, les seigneuries de Nesle, de Falvy-sur-Somme, et de la Hérelle (2) ; ayant éprouvé quelque déplaisir à la cour du comte de Flandre, il se retira en Picardie où il mourut, et fut enterré à Ourscamp. Il avait épousé Élisabeth de Lambersart, dont il eut trois enfants :

1° Jean de Nesle, qui va suivre ;

2° Raoul, III° du nom, seigneur de Nesle, de Falvy et de la Hérelle, qui mourut avant son frère aîné. Il avait épousé Alix de Roye, fille de Barthélemy de Roye, grand chambrier de France

---

(1) Aisne, canton de Vic-sur-Aisne.
(2) Oise, canton de Breteuil.

sous les rois Philippe-Auguste et Louis VIII, et de Pétronille de Montfort.

Et 3° GERTRUDE, dame de Nesle, qui épousa Raoul de Clermont, petit-fils de Renaud et d'Alix de Vermandois, sœur d'Eudes, dernier comte de Vermandois, et veuve de Hugues de France, comte de Vermandois.

JEAN, sire de Nesle, dont nous venons de reproduire le dénombrement, vendit, en 1224, sa châtellenie de Bruges, moyennant 24,545 livres 6 sous 8 deniers parisis. Il épousa Eustachie, fille de Hugues de Campdavenne, comte de St.-Pol, et d'Yolande de Hainaut, veuve d'Yves de Nesle, son grand-oncle, et mourut sans postérité. (Moreri.)

www.ingramcontent.com/pod-product-compliance
Lightning Source LLC
Chambersburg PA
CBHW070535050426
42451CB00013B/3029